गरूड़ पुराण

विवेक कुमार पांडे शंभुनाथ

ISBN 979-888569126-0

यह किताब सभी पढ़ सकते है. इस किताब को लिखने के दौरान कोई भी धर्म और कोई भी व्यक्ति को नुक्सान नहीं पहुंचाया गया है ओर इस किताब को लिखा है श्री विवेक कुमार पांडे शंभुनाथ जी ने.। उन्होंने 12 साल की उम्र में 250+ से ज्यादा किताबें लिखकर इतिहास रच दिया. उनको Youngest Writer Award से भी सम्मानित किया गया.

क्रम-सूची

प्रस्तावना

गरुड़ पुराण हिन्दू धर्म के प्रसिद्ध धार्मिक ग्रंथों में से एक है। वैष्णव सम्प्रदाय से सम्बन्धित 'गरुड़ पुराण' में मृत्यु के बाद सद्गति प्रदान करने वाला माना जाता है। इसलिये सनातन में मृत्यु के बाद 'गरुड़ पुराण' के श्रवण का प्रावधान है। इस के अधिष्ठातृ देव भगवान विष्णु हैं।

अठारह पुराणों में 'गरुड़ महापुराण' का अपना एक विशेष महत्व है। क्योंकि इसके देव स्वयं विष्णु माने जाते हैं, इसीलिए यह वैष्णव पुराण है। गरुड़ पुराण के अनुसार हमारे कर्मों का फल हमें हमारे जीवन में तो मिलता ही है, परंतु मरने के बाद भी कार्यों का अच्छा-बुरा फल मिलता है। इसी वजह से इस ज्ञान को प्राप्त करने के लिए घर के किसी सदस्य की मृत्यु के बाद का अवसर निर्धारित किया गया, ताकि उस समय हम जन्म-मृत्यु से जुड़े सभी सत्य जान सके और मृत्यु वश बिछडऩे वाले सदस्य का दुख कम हो सके।

~विष्णु भक्ति

वास्तविक तथ्य यह है कि 'गरुड़ पुराण' में भगवान विष्णु की भक्ति का विस्तार से वर्णन मिलता है। विष्णु के चौबीस अवतारों का वर्णन ठीक उसी प्रकार इस पुराण में प्राप्त होता है, जिस प्रकार ' भगवत पुराण ' में उपलब्ध होता है। आरम्भ में मनु से सृष्टि की उत्पत्ति, ध्रुव चरित्र और बारह आदित्यों की कथा प्राप्त होती है। उसके उपरान्त सूर्य और चन्द्र ग्रहों के mantra , शिव-पार्वती मन्त्र , इन्द्र से सम्बन्धित मन्त्र, देवी saraswati के मन्त्र और नौ शक्तियों के विषय में विस्तार से बताया गया है।

~ श्लोक तथा विषय

'गरुड़ पुराण' में उन्नीस हज़ार श्लोक | स्लोक कहे जाते हैं, किन्तु वर्तमान समय में कुल सात हज़ार श्लोक ही उपलब्ध हैं। इस पुराण को दो भागों में रखकर देखना चाहिए। पहले भाग में विष्णु भक्ति और उपासना की विधियों का उल्लेख है तथा मृत्यु के उपरान्त प्राय: 'गरुड़ पुराण' के श्रवण का प्रावधान है। दूसरे भाग में 'प्रेतकल्प' का विस्तार से वर्णन करते हुए विभिन्न नरकों में जीव के पड़ने का वृत्तान्त है। इसमें मरने के बाद मनुष्य की क्या गति होती है, उसका किस प्रकार की योनियों में जन्म होता है, प्रेत योनि से मुक्त कैसे पाई जा सकती है, श्राद्ध और पितृ कर्म किस तरह करने चाहिए तथा नरकों के दारुण दुख से कैसे मोक्ष प्राप्त किया जा सकता है आदि विषयों का विस्तारपूर्वक वर्णन प्राप्त होता है।

~कथा

इस पुराण में महर्षि कश्यप और तक्षक नाग को लेकर एक सुन्दर उपाख्यान दिया गया है। ऋषि के शाप से जब राजा परीक्षित को तक्षक नाग डसने जा रहा था, तब मार्ग में उसकी भेंट कश्यप ऋषि से हुई। तक्षक ने ब्राह्मण का वेश धरकर उनसे पूछा कि- "वे इस तरह उतावली में कहाँ जा रहे हैं?" इस पर कश्यप ने कहा कि- "तक्षक नाग महाराज परीक्षित को

डसने वाला है। मैं उनका विष प्रभाव दूर करके उन्हें पुन: जीवन दे दूँगा।

" यह सुनकर तक्षक ने अपना परिचय दिया और उनसे लौट जाने के लिए कहा। क्योंकि उसके विष-प्रभाव से आज तक कोई भी व्यक्ति जीवित नहीं बचा था। तब कश्यप ऋषि ने कहा कि- "वे अपनी मन्त्र शक्ति से राजा परीक्षित का विष-प्रभाव दूर कर देंगे।" इस पर तक्षक ने कहा कि- "यदि ऐसी बात है तो आप इस वृक्ष को फिर से हरा-भरा करके दिखाइए। मैं इसे डसकर अभी भस्म किए देता हूँ।" तक्षक नाग ने निकट ही स्थित एक वृक्ष को अपने विष के प्रभाव से तत्काल भस्म कर दिया।

इस पर कश्यप ऋषि ने उस वृक्ष की भस्म एकत्र की और अपना मन्त्र फूंका। तभी तक्षक ने आश्चर्य से देखा कि उस भस्म में से कोंपल फूट आईं और देखते ही देखते वह हरा-भरा वृक्ष हो गया। हैरान तक्षक ने ऋषि से पूछा कि- "वे राजा का भला करने किस कारण से जा रहे हैं?" ऋषि ने उत्तर दिया कि उन्हें वहाँ से प्रचुर धन की प्राप्ति होगी। इस पर तक्षक ने उन्हें उनकी सम्भावना से भी अधिक धन देकर वापस भेज दिया। गरुड़ पुराण में कहा गया है कि- "कश्यप ऋषि का यह प्रभाव 'गरुड़ पुराण' सुनने से ही बड़ा था।"

~सार तत्त्व

इस पुराण में नीति सम्बन्धी सार तत्त्व, आयुर्वेद , गया तीर्थ का माहात्म्य, श्राद्ध विधि, दशावतार चारित्र तथा सूर्य-चन्द्र वंशों का वर्णन विस्तार से प्राप्त होता है। बीच-बीच में कुछ अन्य वंशों का भी उल्लेख है। इसके अतिरिक्त गारूड़ी विद्या मन्त्र पक्षि ॐ स्वाहा और 'विष्णु पंजर स्तोत्र' आदि का वर्णन भी मिलता है। 'गरुड़ा पुराण' में विविध रत्नों और मणियों के लक्षणों का वर्णन विस्तारपूर्वक किया गया है। साथ ही हिन्दू ज्योतिष , सामुद्रिक शास्त्र, सांपों के लक्षण, धर्म शास्त्र, विनायक शान्ति, वर्णाश्रम धर्म व्यवस्था, विविध व्रत-उपवास, सम्पूर्ण अष्टांग योग |

अष्टांग योग, पतिव्रत धर्म माहात्म्य, जप-तप-कीर्तन और पूजा विधान आदि का भी सविस्तार उल्लेख हुआ है। इस पुराण के 'प्रेत कल्प' में पैंतीस अध्याय हैं, जिसका प्रचलन सबसे अधिक हिन्दू धर्म में है। इन पैंतीस अध्यायों में यमलोक, प्रेतलोक और प्रेत योनि क्यों प्राप्त होती है, उसके कारण, दान महिमा, प्रेत योनि से बचने के उपाय, अनुष्ठान और श्राद्ध कर्म आदि का वर्णन विस्तार से किया गया है। ये सारी बातें मृत्यु को प्राप्त व्यक्ति के परिवार वालों पर गहरा प्रभाव डालती हैं। वे दिवंगत व्यक्ति की सद्गति और मोक्ष के लिए पुराण-विधान के अनुसार भरपूर दान-दक्षिणा देने के लिए तत्पर हो जाते हैं। इस पुराण का उद्देश्य भी यही जान पड़ता है।

~ नरक वर्णन

'गरुड़ पुराण' के दूसरे अध्याय में यह वर्णन मिलता है, इसके अनुसार-

गरुड़ ने कहा- हे केशव! यमलोक का मार्ग किस प्रकार दुखदायी होता है। पापी लोग वहाँ किस प्रकार जाते हैं, मुझे बताइये। भगवान बोले- हे गरुड़! महान दुख प्रदान करने वाले यममार्ग के विषय में मैं तुमसे कहता हूँ, मेरा भक्त होने पर भी तुम उसे सुनकर काँप उठोगे।

यममार्ग में वृक्ष की छाया नहीं है, अन्न आदि भी नहीं है, वहाँ कहीं जल भी नहीं है, वहाँ प्रलय काल की भांति बारह सूर्य तपते हैं। उस मार्ग से जाता हुआ पापी कभी बर्फीली हवा से पीड़ित होता है तोकभी कांटे चुभते हैं। कभी महाविषधर सर्पों द्वारा डसा जाता है, कहीं अग्नि से जलाया जाता है, कहीं सिंहों, व्याघ्रों और भयंकर कुत्तों द्वारा खाया जाता है, कहीं बिच्छुओं द्वारा डसा जाता है।

इसके बाद वह भयंकर 'असिपत्रवन' नामक नरक में पहुँचता है, जो दो हज़ार योजन के विस्तार वाला है। यह वन कौओं, उल्लुओं, गीधों, सरघों तथा डॉसों से व्याप्त है। उसमें चारों ओर दावाग्नी है। वह जीव कहीं अंधे कुएं में गिरता है, कहीं पर्वत से गिरता है, कहीं छुरे की धार पर चलता है, कहीं कीलों के ऊपर चलता है, कहीं घने अन्धकार में गिरता है। कहीं उग्र जल में गिरता है, कहीं जोंकों से भरे हुए कीचड़ में गिरता है। कहीं तपी हुई बालुका से व्याप्त और धधकते ताम्रमय मार्ग, कहीं अंगार राशि, कहीं अत्याधिक धुएं से भरे मार्ग पर उसे चलना पड़ता है।

कहीं अंगार वृष्टि, कहीं बिजली गिरने, शिलावृष्टि, कहीं रक्त की, कही शस्त्र की और कहीं गर्म जल की वृष्टि होती है। कहीं खारे कीचड़ की वृष्टि होती है। कहीं मवाद, रक्त तथा विष्ठा से भरे हुए तलाव हैं। यममार्ग के बीचो-बीच अत्यन्त उग्र और घोर 'वैतरणी नदी' बहती है। वह देखने पर दुखदायनी है। उसकी आवाज़ भय पैदा करने वाली है। वह सौ योजन चौड़ी और पीब तथा रक्त से भरी है। हड्डियों के समूह से उसके तट बने हैं। यह विशाल घड़ियालों से भरी है। हे गरुड़! आए पापी को देखकर वह नदी ज्वाला और धूम से भरकर कड़ाह में खौलते घी की तरह हो जाती है। यह नदी सूई के समान मुख वाले भयानक कीड़ों से भरी है। वज्र के समान चोंच वाले बड़े-बड़े गीध हैं। इसके प्रवाह में गिरे पापी 'हे भाई', 'हा पुत्र', 'हा तात'।

कहते हुए विलाप करते हैं। भूख-प्यास से व्याकुल हो पापी रक्त का पान करते हैं। बहुत से बिच्छु तथा काले सांपों से व्याप्त उस नदी के बीच में गिरे हुए पापियों की रक्षा करने वाला कोई नहीं है। उसके सैंकड़ों, हज़ारों भंवरों में पड़कर पापी पाताल में चले जते हैं, क्षणभर में ही ऊपर चले आते हैं। कुछ पापी पाश में बंधे होते हैं। कुछ अंकुश में फंसा कर खींचे जाते हैं और कुछ कोओं द्वारा खींचे जाते हैं। वे पापी गरदन हाथ पैरों में जंजीरों से बंधे होते हैं। उनकी पीठ पर लोहे के भार होते हैं। अत्यंत घोर यमदूतों द्वारा मुगदरों से पीटे जाते हुए रक्त वमन करते हैं तथा वमन किये रक्त को पीते हैं। इस प्रकार सत्रह दिन तक वायु वेग से चलते हुए अठाहरवें दिन वह प्रेत सौम्यपुर में जाता है।

भूमिका

Author biography in English :MY NAME IS VIVEK KUMAR PANDEY . I WAS BORN IN 30 SEP 2002,I AM FROM SURAT GUJARAT INDIA.MY DREAM WAS TO BE GOOD WRITERS ,MY FAMILY SUPPORTED ME TO SUCCESSFUL AND I CAN DO IT MY SELF.How do I write? That is a question, I believe, that can be honestly answered by me."CELEBRATING YOUNGEST WRITER AWARD WINNER IN GUJARAT 1ST RANK" MR PANDEY JI . I may think I did a good job writing something . The reader is the one who decides the quality of my writing. I do find writing to be natural to me and therefore find it to be a real challenge. My trick as a challenged writer is to do the best I can and know that I am happy with the final outcome. It may take a while to do my best and there may be quite a few problems I run into along the way.

I am not a greedy person those who are thinking about me and my self I never tried it anyone people suffering from sadness ,I trying to get promoted people suffering from happiness and joy in your Life Time. Now in current situation in India and also world people are unemployed and have no many but our indian governor help to people to get free food from ration card , i also take part in leadership team ,i am Motivational speaker , Film script writer. There was my two dream firstly writer and secondly actor & also my own film is upcoming soon i done almost completely completed script for my film .I AM GOING TO SAY WORD OF HEART TOUCH OUT PLEASE READ IT" , firstly i thanks my father he supports me in this field they always getting inspired me by own his words and behavior ,they always said that he was a biggest person in the world in future and also they purchase fruit and chocolate for me in anytime & anyway , firstly my father buy him then call me Vivek you want a chocolate i will say yes papa but how many tell me ,papa: you tell me how much i buy him i told 1 or 2 chocolate but my father purchase whole the boxes of chocolate and they get suprised me. MY FATHER WAS BORN IN " 20 SEPTEMBER" 1971 IN INDIA.

1) MY FATHER FAVORITE CLOTHES IS KURTA PAIJMA AND ALSO STYLES SHOE

2) FAVORITE SINGER IS KISHORE DA

3) FAVORITE STATE GUJARAT AND KOLKATA , HIS VILLAGE IN BIHAR

4) FAVORITE COLOR BLACK AND WHITE

THEY ALSO LOVE cricket like IPL and one day t-20 .they also like watching a News daily and heard the song daily ,they also interested in tik tok video but in current time tik tok is banned in india but also few videos are in you tube. In lockdown time my family and me very enjoy day daily. my father play daily ludo with his sister and son, daughter.they always loved tea and coffee anytime call me "। विवेक थोड़ा चाय बनाओना विवेक तुम्हारे हाथ का चाय अच्छा लगता है". I make it tea for my father but some reason after the April to june they are suffering from fever and cough , weakness on 6 June 2020 my father death. they not told me say bye bye his life. After death of 6 June on 10 june my mom and dad anniversary.but my father is Best in the world they can do anything for me please take care of father and respect it of your parents.

1

|| अध्याय - 1 || - गरुड़ पुराण

|| अध्याय - 1 || - गरुड़ पुराण

पक्षिराज गरुड़ ने भगवान् विष्णु से निवेदन किया , " हे प्रभु , मैं ने तीनों लोकों का भ्रमण करने के बाद उस में रहने वाले लोगों को देख कर, यह निष्कर्ष निकाला, कि वह सभी दुखों में ही डूबे रहते हैं। मेरा अंत:करण पीड़ा से भर गया है । स्वर्ग में दैत्यों की शत्रुता से भय है । पृथ्वी लोक में मृत्यु , रोग तथा अभिषित वस्तु के वियोग से। पाताल लोक में रहने वाले नाग आदि को मेरे भय से दु:ख बना रहता है । "

~ लोक कल्याण के लिए , गरुडा दुआरा पूछे गये प्रशोनों का ,भगवान् विष्णु दुआरा सामाधान का सार इस पुस्तिका के माध्यम दुआरा पेश करने का प्रयत्न किया गया है।

~ पक्षी राज गरुड़ भगवान विष्णु जी से पूछते हैं - हे प्रभु , आप यह बताने की कृपा करें कि :-

1- प्राणी कैसे मरता हे और मरने के बाद कहाँ जाता है ।

2- मर्नास्सन व्यक्ति को किस कारण , पृथ्वी पर सुलाया जाता है।

3- उस के नीचे कुश और तिल क्यों बिछाए जाते हैं ।

4- उस के मुख में पंचरत्न कियों डाला जाता है ।

5- मृत्यु के समय गोउ दान , अनन्य वस्तुओं के दान क्यों दिया जाता है ।

6- उस समय प्राणी आतिवाहिक शरीर कैसे प्राप्त करता है ।

7- अग्नि देने वाले पुत्र -पौत्र उसे कंधे पर क्यों ले जाते हैं ।

8- शव में घृत का लेप क्यों किया जाता है ।

9- शव के उत्तर दिशा में "यम सूतक " का पाठ क्यों किया जाता है ।

10- मरे हुए व्यक्ती को पीने के लिए जल , एक ही वस्त्र धारण करके क्यों दिया जाता है ।

11- शव का दाह - संस्कार करके , उस व्यक्ति को अपने परिजनों के साथ बैठ कर भोजन आदि क्यों नहीं करना चाहिय ।

12- मृत व्यक्ति के पुत्र दसवें दिन के पहले , किस लिए 9 पिंडों का दान देते हैं ।

13- शव का दाह - संस्कार तथा उस के अनन्तरजल तर्पण की क्रिया क्यों की जाती है ।

14- किस विधान से पित्तरों का पिंड दान देना चाहिए ।

15- उस पिंड को स्वीकार करने के लिए उन का आवाहन कैसे किया जाता है ।

16- दाह - संस्कार के बाद अस्थि -संचयन और घट फोड़ने का विधान क्यों है ।

17- दसवें दिन शुधि के लिए , सभी परिजनों के साथ खाना तथा पिद्दान क्यों करना चाहिए ।

18- एकादश को पिंडदान करने का क्या प्रयोजन है ।

19- 13वेन दिन पत्तदान आदि क्यों किया जाता है ।

20- वर्ष पर्यन्त 16 श्राद क्यों किये जाते हैं ।

21- हे प्रभु , मनुष का शरीर अनित्य है और समय आने पर ही मरता है / किन्तु मैं उस छिद्र को नहीं देख सकता जिस से जीव निकल जाता है ।

22- प्राणी के अपने जीवन काल में किये गए पाप, पुन्य , दान , आदि , शरीर के नष्ट हो जाने पर , उस के साथ कैसे चले जाते हैं ।

23- मरे हुए प्राणी के लिए स्पिन्दिक्रण क्यों होता है ।

24- जो मनुष पापी , दुराचारी अथवा हृत्बुधि हैं , मरण के बाद वेह किस स्थिति को प्राप्त होते हैं ।

25- हे उपेन्द्र , मनुष की म्रत्यु के समय , उसके कल्याण के लिए , क्या करना चाहिए ।

26- म्रत्यु और शमशान भूमि तक पहुंचने की कौन सी विधि है ।

27- चिता में शव को जलाने की क्या विधि है ।

28- तत्काल तथा विलंभ से उस जीव को कैसे दूसरी देह प्राप्त होती है ।

29- यम -लोक (संयमनी नगरी) को जाने वाले के लिए , वर्ष पर्यन्त कौन सी किरियाएं करनी चाहियें ।

30- दुर्बुधि अथवा दुराचारी व्यक्ति की म्रत्यु होने पर उसका प्रायश्चित क्या है ।

31- प्नाच्का आदि में मृत्यु होने पर , पंचक शांति के लिए क्या करना चाहिए ।

32- बहुत से पापों को करने पर भी , इस संसार को पार कर , प्राणी आप को कैसे प्राप्त कर सकता है ।

हे देव , आप मेरे इस सम्पूर्ण भ्रम को विनिष्ट करने में समर्थ हैं । मैं ने आप से यह सब लोक मंगल की कामना से पूछा है । मुझे बताने की कृपा करें ।

श्री कृष्ण जी गरूड़ से कहते हैं , हे पक्षिराज ! तुम ने जो मानव कल्याण के लिए अपनी जिज्ञासा व्यक्त की है , वेह सर्व श्रेठ है. । अब इस का समाधान सुन ।

जब मनुष अपने पिछले जनम के अछे, बुरे कर्म के संचित परिणामों को भोगता हुआ , और इस जन्म में कर्म करता हुआ , मरणासन्न अवस्था को पहुंच जाता है , तो शरीर में कई रोग उत्पन होते हैं । एक अचानक सर्प की भांति ,वह मौत के जकडन में बंधता चला जाता है ।वह घर में ,अस्यहीन , अपाहज ,शारीरक मानसिक , पीडाओं से पीडत ,फिर भी जीने की मन में इच्छा को ले कर ,दुखदाई जीवन व्यतीत करता है ।

जब मरनासन्न व्यक्ति की इन्द्रयों का समूह व्याकुल हो जाता है ,चेतन शरीर जड़ीभूत हो जाता है , तब अंतिम क्षणों में एक आलोकिक चेतना आती है ,जिस में सभी लोक एक जैसे दीखते हैं । उस समय वह कुछ बोलने योग्य नहीं रहता और प्राण शरीर को छोड़ कर यमराज के दूतों के साथ चल देते हैं ।

जब प्राण शरीर को छोड़ते हैं तो बहुत कष्ट दाई होते हैं और ऐसा दर्द होता है जैसे एक सो बिछुओं ने डंक मारा हो / उस के मुंह में झाग बनती है और सारा मुंह थूक से भरने लगता है ।

उस समय जो प्राणी दुखात्मा होते हैं, उन्हें यमदूत अपने पाशबंधो में जकड़ कर मारते हैं ।

जो अछे कर्मी होते हैं , उन्हें स्वर्ग के पार्षद सुख पूर्वक अपने लोक को ले जाते हैं ।

भीम काया, दुराकृति यम राज के दूतों को देख कर ही पापिओं के मन में भय उत्पन्न हो जाता है । हाहाकार करता हुआ ,अंगूठे के नाप जितना मृत मनुष्य ,अपने घर को देखता हुआ , यमदूतों दुआरा ,घसीटा हुआ , रास्ते में अनेक यातनाएं सहता हुआ , यमराज के सामने ले जाया जाता है।

जीव अति भयानिक यमराज की काया को देखता है और फिर उस के आदेश पर तुरंत वापिस अपने मृत स्थान पर यमदूतों के साथ , आ जाता है । वह वापिस अपने शरीर में जाने की कोशिश करता है ,पर यमदूत उस के गले में फंदा डाले रहते हैं । उसे भूख और प्यास बहुत सताती है और बहुत रोता है.। अपने पुत्रों दुआरा अर्पित की हुयी चावल की खीलों को वह खाता है फिर भी भूख नहीं मिटती ।

जिन आत्माओंको यह खीलें नहीं मिल पातीं ,वह सुनसान जंगल में भटकती रहती हैं ।

2

|| अध्याय- २ || - गरुड़ पुराण

|| अध्याय- २ || - गरुड़ पुराण

- मरणासन्न व्यक्ति के लिए कल्याणकारी कर्म

~ सब से पहले भूमि को गोबर से तोपना चाहिए । फिर जल की रेखा से मंडल बना कर , उस पर तिल और कुश घास बिछा कर मरणासन्न व्यक्ति को उस पर सुला देना चाहिए । उस के मूंह में पंचरत्न / स्वर्ण आदि डालने से सब पापों को जला कर मुक्त कर देता है । भूत , प्रेत आत्माएं और यम के दूत अपवित्र स्थान और ज़मीन के ऊपर रखी चारपाई से मृत शरीर में प्रवेश करते हैं।

~ उस के मूंह में गंगा जल डालना चाहिए , अथवा तुलसी का पत्ता रखना चाहिए।

~ कोई भी शोक न मनाता हुआ ,उस के पास प्रभु का नाम ले।

~ जब तक प्राण हैं , विष्णु का नाम ले।

~ यमराज का अपने दूतों को आदेश है कि मेरे पास उन आत्माओं को लाओ जो "हरी" का नाम नहीं लेते। "ॐ", " हरी" को जपने वाले मेरे पास नहीं आते । पापी मनुष जो नारायाण को नहीं मानते , उन के कितने ही पुन्य कर्म उन के पापों को नहीं मिटा सकते ।

~ हे गरुड़ , जाने या अनजाने में मनुष , जो भी पाप करते हैं , उन पापों की शुद्धि के लिए उन्हें प्रायश्चित करना चाहिए / शाश्त्रों में दशविधि स्नान , चन्द्राय्न्ना व्रत , गौ दान , आदि का लेख किया गया है । यदि मनुष उन में क्षमता के कारण सफल न हो रहा हो तो कम से कम चौथाइ प्राय्क्चित अवश्य करना चाहिए । तत्पश्चात 10 महादान ,गौ, भूमि ,तिल, स्वर्ण घी, वस्त्र , गुड ,रजत , लवण , इन का दान करना चाहिए । यह पाप की शुद्धि के लिए ,पवित्रता में एक से एक बढ़ कर हैं.।

~ यमदुआर पर पहुँचने के जो मार्ग बताये गए हैं , वह अत्यंत दुर्गन्धिक , मवाद ,रक्त आदि से परिव्याप्त हैं । अत: उस मार्ग में स्थित वैतरणी नदी को पार करने के लिए वैतरणी-गौ (जो गौ सर्वांग में काली हो और जिस के थन भी काले हों) का दान करने चाहिए । यह सब उत्तम प्रकृति वाले ब्राह्मण को देना चाहिए ।

~पद दान का महत्व :-

छत्र, जूता, वस्त्र ,अंगूठी ,कमंडलू ,आसन, पात्र और भोजन पदार्थ , यह आठ प्राकर के पद दान हैं.। तिल पात्र, घृत पात्र, शय्या , तथा और जो अपने को ईष्ट हो, देना चाहिए।

हे पक्षी राज , इस पृथ्वी पर जिस ने पाप का प्रायश्चित कर लिया है ,सब प्रकार के दान भी दे चूका है, वैतरणी -गौ तथा अष्ट दान कर चूका है , जो तिल से पूर्ण पात्र , घी से भरा पात्र ,शय्या दान और विधिवत पद दान करता है, वह नर्क रुपी गर्भ में नहीं आता ,अर्थात उस का पुनर्जन्म नहीं होता ।

मनुष स्वय जो दान करता है , परलोक में वह सब उसे प्राप्त होता है । वहां उस के आगे रखा हुआ मिलता है ।

~ छत्र दान करने से मार्ग में सुख प्रदान करने वाली छाया प्राप्त होती है ।

~ पादुका दान से वह मनुष्य घोड़े पर सवार हो कर सुखपूर्वक मार्ग पार करता है।

~ जल से परिपूर्ण कमंडलू के दान से मनुष्य सुख पूर्वक परलोक गमन करता है ।

~ वस्त्र - आभूषण दान करने से यम दूत प्राणी को कष्ट नहीं देते ।

~ तिल(सफ़ेद , काले ,भूरे) के दान से , मन ,वाणी ,और शरीर से किये हुए पाप नष्ट होते हैं ।

~ सभी साधनों से युक्त शय्या दान से स्वर्ग लोक में 60000 वर्ष तक , इंद्र लोक के भोग भोगता है।

~ इस के अतिरिक्त ,गौ दान देते समय "नान्दानान्दानाम" के उच्चारण करने से वेत्रनी नदी में नहीं गिरता ।

~ दुखद , और बिमारी के समय , तिल,लोहा,सोना,रुई का वस्त्र ,नमक,सात अनाज , भूमि का टुकड़ा, देने से पाप कर्मों की शुद्धि होती है।

~ लोहा दान करने से, यम की नगरी में नहीं जाता। लोहे का दान , हाथों को जमीन के साथ छूते हुए देना चाहिए। यम राज के हाथों में कई प्रकार के लोहे के अस्त्र होते हैं । यह दान उन अस्त्रों के प्रभाब को कम करता है।

~ सोने का दान, यम राज की सभा में उपस्थित , ब्रह्मा,और दुसरे ऋषि मुनिओं को प्रसन्न करता है जो की वरदान की संज्ञा रखता है।

~ रुई के वस्त्र से यमदूत , कष्ट नहीं देते ।

~ सात अनाजों के दान से , यम द्वूआरों पर तैनात कर्मचारी आनन्दित होते हैं ।

~ भूमि के टुकड़े पर,जिस पर फसल हो , देने से इंद्र लोक की प्राप्ति होती है ।

~ पूरे होश में रहते हुए , एक गौ का दान , बीमार अवस्था में एक सो (100) और मरणासन्न के समय एक हजार गौ दान करने के बराबर है ।

~ एक गौ केवल एक जन को ही दी जानी चाहिए । वह यदि इस गौ को बेचता है या किसी दुसरे के साथ इस का बटवारा करता है , तो उस का परिवार सात पीढयों तक पीडत रहता है।

- गौ दान करने की विधि

~ काली या भूरी गौ के सींगों पर सोने का पत्र , और पैरों में चांदी पहनाएं ।

~ इस का दूध पीतल के बर्तन में निकालें ।

~ गौ के ऊपर काले कपडे का दोशाळा डाले।

~ दूध वाले बर्तन को ढक कर, रूई के ऊपर रखें ।इस के पास यमराज की एक सोने की मूर्ती , एक लोहे का टुकड़ा , पीतल के बर्तन में घी, यह सब गौ के ऊपर रखें ।

~ गन्ने की पौरिओं से , रेशम की डोर से बंधा एक फट्टा बना कर , धरती में एक गड्ढा बना कर, पानी से भरें और फट्टा को इस में रखें ।

~ गौ की पूंछ पकड़ कर ,पैर फट्टा पर रख कर ,ब्राहिमन को दान- दक्षिणा , नमस्कार करके , मन्त्र का उच्चारण करते हुए भगवान् विष्णु से नम्र प्रार्थना करें की हे प्रभु , आप सब प्रानिओं के दाता , रक्षक और कल्याणकारी हैं। आपके चरणों में यह उपहार भेंट करता हुआ , वेतारनी नदी को नमस्कार करता हूँ। हे गौ माता, आप देवी शक्ति के रूप में, मेरे पापों का खंडन करें। फिर हाथ जोड़े हुए, यम राज को गौ की प्रतिमा में देखते हुए, इन सब के गिर्द एक चक्कर लगा कर ब्राहिमन को दान में दें ।

- गौ दान के लिए शुभ समय, स्थान :

~ सभी नहाने वाले पवित्र स्थल

~ ब्राहिमनों के निवास स्थान

~ सूर्य , चन्द्र ग्रेहन

~ नये चाँद वाले दिन

~ थोड़ी सम्पत्ति , धन अपने हाथों से दान में दी हुई का प्रभाव सदा ही रहता है। धन, सम्पत्ति , पत्नी, परिवार, सब विनाश होने वाले हैं इस लिए पुण्य कर्मों को संचित करो। पुण्य - दान , छोटे-बड़े से मेरे को कोई फर्क नहीं पड़ता ।

~ लालच के कारण जो पापी लोग , बीमारीओं में पुण्य - दान नहीं करते, वह सदा दुखी ही रहते हैं.।

~ पुत्र, पौत्र , भाई, बन्धु , मित्र , जो मरणासन्न व्यक्ति के लिए , दान पुण्य नहीं करते, उन्हें ब्राहिमन हत्या का पाप लगता है ।

~ इन बताए गये सभी प्रकार के दानों में प्राणी की श्रद्धा और अश्रद्धा से आई हुई दान की अधिकता और कमी के कारण उस के फल में श्रेष्ठता और लघुता आती है ।

~ भूमि पर बने इस मंडल में ब्रह्मा ,विष्णु,रूद्र ,लक्ष्मी तथा अग्नि देवता विराजमान हो जाते हैं । अतः मंडल का निर्माण अवश्य करना चाहिए । मंडलवहीन भूमि पर प्राणत्याग करने पर , उसे अन्य योनी नहीं प्राप्त होती.। उस की जीव आत्मा वायु के साथ भटकती रहती है.।

~ तिल मेरे पसीने से उत्पन्न हुए हैं ।इस का प्रयोग करने पर असुर , दानव ,दैत्ये भाग जाते हैं। एक ही तिल का दाना स्वर्ण के बत्तीस सेर तिल के बराबर हैं ।

~ कुश मेरे शरीर के रोमों से उत्पन्न हुए हैं । कुश के मूल में ब्रह्मा, मध्य में विष्णु, तथा अग्र भाग में शिव को जानना चाहिए । इस लिए देवताओं की तृप्ति के लिए मुख रूप से "कुश" को , और पितरों की तृप्ति के लिए "तिल " का महत्व है.।.

~ हे पक्षी श्रेष्ट , विष्णु, एकादशी व्रत , गीता , तुलसी, ब्राह्मिन और गौ ,यह छे , दुर्गम असार- संसार में लोगों को मुक्ति प्रदान करने के साधन हैं. । अंतिम साँसों में "ओ गंगा, ओ गंगा , भागवत गीता के शलोक अथवा "हरी" का नाम जपने से मंगल कारी होता है.।

~ मृतु काल में मरणासन्न के दोनो हाथों में "कुश" रखना चाहिए / इस से प्राणी विष्णु लोक को प्राप्त होता है।

~ लावनारस, पितरों को प्रिय होता है अथवा स्वर्ग प्रदान करता है।

~ उस के समीप, तुलसी का पेड़, शालग्राम की शिल्ला (सभी पापों को नष्ट करती है), भी लाकर रखें । जिस घर में तुलसी स्थल बना कर तुलसी की पूजा होती है वह एक पवित्र नहाने का स्थान माना जाता है और यम के दूत वहां नहीं आते ।

~ इस के बाद ,यथा विधान सूतकों का पाठ करना चाहिए । ऐसा करने से मृत्यु मुक्ति दायक होती है ।

~ शोक न मनाते ,पुत्र को सर मुंडवा कर नए वस्त्र धारण कर , अपने प्रियजनों के साथ लाश को नहलाना चाहिए।

~ इस के बाद मरे हुए व्यक्ति के शरीरगत विभिन सथानों में (मुख, नाक के छिदर ,नेत्र, कान , लिंग, ब्रह्माण्ड) पर सोने की शालाखें रखें.।

~ उस के शव को दो वस्त्रों से आच्छादित करके कुंकुम और अक्षत से पूजन करना चाहिए ।

~ घर की बहुरानी और दूसरों को लाश की गिर्द चक्कर लगा कर उसे पूजन चाहिए और मरण स्थल पर चावल की खील (लाइ) अर्पित करना चाहिए। ऐसा करने से धरती माता और दिव्य शक्तियां प्रस्सन होती हैं ।

पुष्पों की माला से विभूषत करके , उसे पुत्र , बंधुओं के साथ दुआर से लेजाया जाए । उस समय पुत्र को मरे हुए पिता के शव को कंधे पर रख कर स्वयं ले जाना चाहिए.। यदि मनुष को मोक्ष न मिलता हो , तो पुत्र नर्क से उसका उद्दार कर देता है । जो पुत्र लाश को कन्धा

देता है, उसे हर कदम पर अश्व मेघ यघ का फल मिलता है।

3

|| अध्याय- 3 || - गरुड़ पुराण

|| अध्याय- 3 || - गरुड़ पुराण

दाह -संस्कार

~ पुत्र और पौत्र यदि विधि पूर्वक अंतिम संस्कार करते हैं तो वह पुश्तानी कर्ज़ से मुक्त हो जाते हैं ।

~ दाह-संस्कार के अंतर्गत छेह पिंड देने की विधि है ।

पहला पिंड - मुख स्थान पर

दूसरा पिंड - दुआर पर

तीसरा पिंड - चौराहे पर

चौथा पिंड - विश्राम स्थान पर

पांचवां पिंड - चिता पर

* छटा पिंड - अस्थि -संचयन के समय

~ शमशान घाट से आधा रास्ता पर रूक कर , लाश को स्वच्छ स्थान पर नेहला कर चारों दिशाओं में पूजा करनी चाहिए । तब इसे शमशान भूमि पर , सर उत्तर दिशा में करके लेटाना चाहिए ।

~ जलने वाली जगह को साफ़ करके ,गोबर का लेप करें । इस स्थान पर पहले कोई लाश न जली हो ।

~ कुछ मिटटी बटोर कर उस की मूर्ती बना कर ,पानी से छिडक कर पूजा करके अग्नि की स्थापना करें.।

~ अग्नि की पूजा रंगदार चावलों से करते हुए अग्नि शक्ति को सम्भोदित करें :" लोमान ,इस संसार से यह प्राणी चला गया है , इस आत्मा को स्वर्ग प्रदान करें "

~ इस के बाद चिता का निर्माण करें / लाश को उसपर रखें /मृतक के हाथों में , और चिता पर "लाइ" के दाने रखें । इस प्रकार मृतक को 5 "लाइ" के दाने मिलने से वह घर वालों को परेशान नहीं करता ।

~ शमशान भूमि में , शूद्रों दुआरा पहुंचाई गई वस्तुओं से वहां किया गया सम्पूर्ण कर्म निष्फल हो जाता है ।

~ किसी कारण वश उपर्युक्त पिंड न दिए जाने पर , शव राक्षों के भक्षण -योग्य हो जाता है ।

~ दाह - कार्य में चंडाल के घर की अग्नि , चिता की अग्नि और पापी के घर की अग्नि का प्रयोग नहीं करना चाहिए ।

~ जब चिता में ,शव का आधा शरीर जल जाय ,उस की खोपरी को किसी लकड़ी के डंडे से भंग करके { ताकि वह पित्तरों की दुनिया में चला जाये },तिल मिश्रित घी अर्पित करे । पुत्र को इस समय भाभुक हो कर रोना चाहिए ,ताकि वह सदा प्रसन्न रहे ।

~ जब चिता जल कर समाप्त हो जाये ,तो पहले स्त्रिओं को , बाद में पुत्रों को नहा कर , नीम वृक्ष का एक एक पत्ता खाना चाहिए । घर को जाने के समय इस्त्रिओन को आगे चलना चाहिए ।

~ दोबारा घर में स्नानं करने के बाद , पुत्र को पहिले गौ को खाना देकर, पत्ते की प्लेट पर स्वय खाना ,खाना चाहिए , किन्तु खाना पहले से ही बना नहीं होना चाहिए ।

~ मृतु वाली स्थान को गोबर से साफ़ करके, एक दीपक (जिस का मुख दक्षिण की तरफ रहे ,) १२ दिन तक उस स्थान पर जलता रहना चाहिए ।

~ अग्नि दाह "पंचक " में नहीं करना चाहिए । जो प्राणी "पंचक" में प्राण त्यागता है , उस की मुक्ति नहीं होती

~ दाह - संस्कार भी नहीं करना चाहिए वरना घर में एक और मृतु हो सकती है ।

~ मास के प्रारम्भ में " धनिष्ठा" नक्षत्र के अर्ध भाग से लेकर " रेवती नक्षत्र " तक का समय पंचकल कहलाता है । पंचक में दाह संस्कार करना हो तो कुश के मानवकार चार पुतले बना कर नक्षत्र मन्त्रों से उनको अभिम्मिन्त्तरित करके शव पर रख दें और उन्ही पुतलों के साथ दाह -संस्कार करें.। पुत्रों दुअरा पंचक शांति भी करवानी चाहिए ।

~ तीन दिन तक , चौराहे पर , या चिता वाली ज़मीन पर , एक मिटटी के कच्चे बर्तन में ,जो की तीन लकड़ी की डंडियों से बंधा हो ,दूध और पानी से भरा हुआ ,अर्पण करे ।

~ दाह क्रिया के बाद , अस्थि -संचयन क्रिया करनी चाहिए । इस के बाद दाह - क्रिया के समय 6 पिंड तथा दशगात्र के अंतर्गत 10 पिंड दान आदि की प्रिक्रिया बताई गई है।

~ चौथे दिन अस्थि -संचयन करनी चाहिए । यदि कोई रूकावट न हो ,तो दूसरे अथवा तीसरे दिन भी कर सकते हैं ।

~ शमशान घाट पहुंच कर ,स्नानं करके,गर्म दुशाला ले कर , अनाज का दान ,चिता वाली जगह पर देवी -देवताओं को नमस्कार करके , ३ चक्कर काटते हुए "यामायात्वा " मन्त्रर का

उच्चरण करते हुए , दूध का व फिर पानी का छींटे दे कर ,चिता में से अस्थिओं को इकठा करो ।

~ अस्थिओं को "पालाषा "के पत्तों पर रख कर , दूध और पानी से छिड़क कर , एक मिटटी के बर्तन में रखें । श्राद्ध की रसम पूरी करें ।

~ एक तिकोने ज़मीन के टुकड़े को गोबर से पोत कर , उतर दिशा की ओर मुख करके , 3 लाइ , तीनो दिशाओं में अर्पण करें ।

~ अस्थियाँ इकठी करने के बाद , एक तीन टांगों वाले स्टूल पर , बिना मूंह ढके , पानी से भरा हुआ एक जार रखें ।

~ मृतक के लिए उबला हुआ चावल के साथ , दही, घी ,पानी और मिठाई अर्पण करें ।

~ 15 कदम उतर दिशा की ओर चल कर , ज़मीन में एक गड्ढा बना कर ,अस्थिओं वाला बर्तन उस में रखें ।

• एक लाइ इस पर रख कर (जलने के समय जो पीड़ा हुई ,उसे दूर करती है),बर्तन को किसी वाटर टैंक के पास ले जाएँ ।

~ अस्थिओं को कई बार दूध और पानी से छिड़क कर ,संदल आदि से लेप कर , पूजा करें / पत्ते के डिब्बे में रख कर ,अपने माथा और हृदय से छू कर गंगा नदी के बीच में छोड़ें ।

~ जिन की अस्थियां , पानी में 10 दिन के अंदर डूब जाती हैं ,वह आत्मा ब्रह्म लोक से वापिस नहीं आती ।

~ जितनी देर तक अस्थियाँ तैरती रहती हैं , वह स्वर्ग लोक में रहता है ।

~ अस्थियां विसर्जन के बाद 10 दिन चलने वाली रस्में शुरू होती हैं. ।

• अकस्मात मृत्यु कार्यक्रम की सूची :-

~ किसी अज्ञात जगह पर होने से ,और शरीर न मिलने पर, जिस दिन यह खबर मिले ,दर्भा घास की प्रतिमा बना कर उस को जलाएं । इस की राख इकठी करके गंगा नदी में विसर्जन करें । उस दिन से 10 दिन की रस्में पूरी करें ।

~ यदि महिला बच्चा होने से पहले मर जाए , तो बच्चे को पेट से निकाल कर, ज़मीन पर रख दें और केवल महिला को चिता दें ।

~ 27 मास तक के बच्चे को मिटटी में दबाएँ / यदि इस की मृतु गंगा किनारे होती है तो इसे गंगा में बहा दें।

~ इन से बड़े बच्चों को चिता देनी चाहिए और अस्थियाँ गंगा में बहा दें/ बच्चों को खाना और एक एक बर्तन पानी का दें.।

~ पेट में बच्चा मरने से कोई रस्म नहीं ।

~ शिशु के मरण पर दूध का दान, बच्चे के मरण पर दूध का बर्तन ,मिठाई , खाने की वस्तुएं दें ।

~ मलिन्शौद्शी के बाद मध्यम्शौद्शी श्राद्ध - विष्णु और पांच देव श्राद्ध , एकादश को किये जाते हैं । विद्वान ब्रह्मिनों को कुश या चावल के चूरन से ही सांड का निर्माण करके उसका उत्सर्ग करना चाहिए।

4

|| अध्याय- 4 || - गरुड़ पुराण

|| अध्याय- 4 || - गरुड़ पुराण

10 दिनों की रस्में - पूर्ति। यदि पुत्तर न हो तो , कौन कर सकता है ?

~ आंसू न बहाते हुए, (क्योंकि पृथक आत्मा को वह सब कडवे आंसू , जो परिजनों की आँखों से गिरते हैं , पीने पड़ते हैं), पुत्र को अपने पिता के प्रति" लाइ" की फुल्लियन अर्पण करनी चाहिए ।

~ जो जन्म लेता है, वह मरता भी अवश्य है / यदि किसी के पुत्र नहीं है तो , धर्म -पत्नी , भाई, रिश्तेदार या ब्राहिमन , रस्मों को पूरी कर सकता है। मनु ने कहा है की , एक ही पिता से अनेक पुत्रों में यदि एक के ही पुत्र है तो वह सभी भाइयों का पुत्र माना जाता है। अनेक पुत्र होते हुए भी , केवल एक ही सब रस्में , श्राद्ध पूरी करेगा। इन दिनों की रस्मों में किसी मन्त्रर का उच्चारण नहीं करना चाहिए।

~ 10 दिनों की रस्में , पुत्र को ही करनी चाहिए । यदि सब से बड़ा पुत्र का मरण हो जाता है तो पिता जो अभी जीवत है , मोह विवश , रस्म को पूरी नहीं कर सकता । 10 दिन के श्राद्ध परिवार के नाम में होते हैं ।

~ यदि पिता की सम्पत्ति का बटवारा हो चूका है तो 10 दिन की रस्में , श्राद्ध एक ही पुत्र दुआरा होंगी। परन्तु वार्षिक श्राद्ध सब भाई अलग अलग करें गे ।-पुत्र श्रधा पुर्बक 10 दिनों की रस्मों की पूर्ति में , एक समय भोजन, ज़मीन पर सोना और शुद्ध आचरण रखेगा ।

~ किसी पवित्र जल स्थान (कुआँ , तालाब , मन्दिर इत्यादि) जगह पर स्न्नान , कोई मन्त्र का जाप न करते , करने के बाद , दक्षिण दिशा की ओर मुख करके , किसी वृक्ष के नीचे ,गोबर से पोती हुई जमीन पर,

~ पूजा योग्य स्थान बना कर , दरबा और कुषा घास से बनी ,मृतक की प्रतिमा बना कर पूजा करे । इस के आगे कुषा घास बिछा कर लाइ ढाल कर , चावल का पक्का खाना ,धुप, फूल ,फल आदि अर्पण करे ।

~ इसी तरह , 9 दिनों तक करते हुए, 10 वें दिन , पूरी हजामत बनवा कर, पीले वस्त्र धारण कर ," मासा " के लड्डू और सामग्री के साथ , पूजा करते हुए , मुक्त आत्मा की शांति के लिए प्रेरणा करें । प्रति दिन ,श्राद्ध के बाद, नहा कर , गौ को प्रसाद खिला कर , आप भोजन करे ।

5

|| अध्याय - 5 || - गरुड़ पुराण

|| अध्याय - 5 || - गरुड़ पुराण

* 11 वें दिन की रस्में :-

~ देवंगत आत्मा को " लाइ " का प्रसाद भेंट करें ।

~ विष्णु भगवान् की स्वर्ण की मूर्ती, ब्रह्मा की चांदी , शिव की ताम्बे की , और यमराज की लोहे की मूर्तिओं की स्थापना करें ।

~ पश्चिम दिशा की ओर , विष्णु देव के लिए ,गंगा जल से भरा एक लोटा रखें । इस लोटे के ऊपर ,पीले कपड़ों में सुस्जित विष्णु जी की मूर्ती रखें ।

~ पूर्व में दूध और पानी से भरे लोटे पर , सफ़ेद वस्त्रों में , ब्रह्मा जी की मूर्ती रखें ।

~ उत्तर में शहद और घी के लोटे पर, लाल वस्त्र में , शिव जी की मूर्ती रखें।

~ दक्षिण में , बारिश के पानी से भरे लोटे पर, काले वस्त्र में यम राज की मूर्ती रखें।

~ अब पुत्र को अपने दाहिने कंधे पर पवित्र जनेऊ धारण करके , दक्षिण की ओर मूंह करके, बीच में एक गोल चक्कर बना कर, उस में कुषा -घास ,रख कर ,वैदिक मन्त्रों के साथ , सभी देवों को जल अर्पित करे, अग्नि को भेंट अर्पण करके , 11 वें दिन का श्राद्ध पूर्ण करे।

~ अपने पितरों की ख़ुशी के लिए, एक गौ का दान करे ।

~ ब्रह्मिन के पैर धो कर , दूध, मिठाई और भोजन खिलाये ।

~ बिस्तर पर एक सोने की मूर्ती रख कर ,उस की पूजा करके,बिस्तर का दान करे ।

~ 11 वें दिन एक सांड , जिस का पूरा शरीर काले-भूरे रंग का हो,पित्रों की ख़ुशी के लिए दान करना चाहिए । अपने से दान किये हुए सांड से ,बचपन ,जवानी,वृद्ध अवस्था में किये हुए सब पाप नष्ट हो जाते हैं.।

~ सांड का दान करने पश्चात 16 श्राद्ध (10 पिंड और 6 पहले बताए हुए) पूरण करें / पहले 16 श्राद्ध अपवित्र माने जाते हैं । इस के बाद दुसरे मध्य 16 पवित्र माने जाते हैं ।

* पहला "लाइ" का दाना ,विष्णु जी को ,

"2" सरा - रूद्र देव

"3" - यम देव

"4" - महाराज सोम

"5" - देवी देवता

"6" - पितरों

"7" - मृतु

"8" - रूद्र देव

"9" - पूरुसा

"10" - देव्न्गत

"11" - विष्णु

"12" - ब्रह्मा

"13" - विष्णु

"14" - रूद्र

"15" - यम देव

"16" - पूरुसा

~ यह सम्पूरण क्रिया , पूरे 12 मास ,हर महीने के 15 वें, 21 वें दिन, 6 मास से पहले , और वर्ष के अंत से पहले करनी चाहिएं ।

~ पक्का हुआ भोजन परोसने से, 48 किये हुए श्राधों से , प्रेत योनी ख़तम होती है और वह पित्रों की सभा में चला जाता है। यदि यह श्राद्ध नहीं किये गए , तो प्रेत-योनी कभी समाप्त नहीं होती/ यह पुत्र अथवा विधवा स्त्री दुआरा अपने पति के लिए किये जाने पर अथाह ख़ुशी प्राप्त होती है/ जो स्त्री अपने पति के मरण उपरांत दह - संस्कार की 15 वें दिन और वार्षिक रस्में पूरी करती है, वह मेरे दुआरा " सच्ची अर्धांग्नी " कहलाई जाती है।

~ अग्नि, जल , खुदकुशी के कारण मृतु होने से, सब क्रिया कर्म करने चाहिएं ।

~ सर्प काटने से मृतु में, चावल के चूरन से कोबरा सांप की छवि बना कर , संदल , फूल, धुप, दूध ,तिल, चावल आदि से , हर 15वेन दिन के 5वेन दिन में पूजा करें।

~ नारायण - बलि की रस्म पूरी करें।

~ एक वर्ष तक , प्रत्येक दिन , " लाइ" और जल का दान करें ।

11 वें दिन की यह सब क्रियाएं समाप्त होने के बाद , सभी पित्रों को " लाइ" अर्पण करके, स्थान को साफ़ करके, बिस्तर और अन्य उपहारों का दान दें।

6

|| अध्याय - 6 || - गरुड़ पुराण

|| अध्याय - 6 || - गरुड़ पुराण

- पिंड दान का महत्व :-

~ मृतक शरीर की आत्मा अपने साथ कर्मों का लेखा जोखा ,दूसरे लोक या अगले जीवन के लिए नहीं ले जाती.। आत्मा अपने साथ ,अपने कर्मों का व्योरा जो की एक चिप (कार्बोन के कण पर अंकित होता है , और जिसे चित्र गुप्त भी कहा जाता है । चित्र का अर्थ - तस्वीर और गुप्त का अर्थ -जिस का भेद न मालूम हो यह एक आलोकिक क्रिया है) और जो की वायु दुआरा साथ जाता है ,और जिसे बायो -चिप बोलते हैं ,मृतु के बाद , आत्मा के साथ चिपका रहता है। यह बायो -आत्मा, साधारण आँखों से दिखाई नहीं देती और यह अंगूठे जितनी बड़ी होती है परन्तु इस की मोटाई नहीं दिख सकती ।

पूरे जीवन का व्योरा , कार्बोन,वायु या हाड्रोजन के कण पर,प्राणी जो कुछ भी देखता, सुनता ,बोलता और सोचता है,अंकित हो जाता है। इस में अंकित सारी सूची,यह चिप यमराज को देता है । केवल यमराज ही इस को पढ़ सकता और नष्ट कर सकता है। उसे नष्ट करने के बाद ही , यमराज प्राणी के कर्मों अनुसार उसे दंडित करते है । जब तक बायो चिप आत्मा के साथ रहता है, बायो -आत्मा दूसरा शरीर धारण नहीं कर सकती । जब यह चिप बायो -आत्मा से अलग किया जाता है , तब शुद्ध आत्मा अपने कर्मों अनुसार ,दुःख या सुख का भोग करके , नया शरीर धारण करती है।

~ मृतु उपरांत बायो -आत्मा , मृतक शरीर में प्रवेश करने की कोशिश करती है । परन्तु यह प्रेत -आत्मा , मृतक शरीर , उसकी अस्थिओं के पास वायु में दुखी रूप में मंडराती रहती है । प्रेत -आत्मा मृत स्थान पर तब तक रहती है जब तक यह प्रेत आत्मा से बायो -आत्मा में नहीं बदल जाती । यह बायो-आत्मा ही यमराज के पास जाने में सक्षम होती है।इस प्रेत-

आत्मा को बायो आत्मा में परीवर्तन करने के लिए पिंड दान की आवशकता होती है। पिंड दान पुत्र,रिश्तेदार, या किसी और दुआरा भी सम्पन्न कराया जा सकता है।

~ यह दस दिन की रस्म है। पिंड को ४ भागों में बांटा जाता है । दो भाग पांच भूतों (पृथ्वी, जल, वायु, अग्नि और आकाश), एक भाग यमदूतों और एक भाग प्रेत-आत्मा के लिए अर्पण किया जाता है । 9 दिन तक यह भोज खाने के बाद प्रेत- आत्मा , प्रेत-शरीर में, जिस का नाप मनुष शरीर के हाथ जितना होता है , बदल जाती है और दसवें दिन इस को शक्ति मिलती है । इस शक्ति के साथ यह यमराज तक के रास्ते पर चलने को तैयार हो जाती है। इस रास्ते को मृतु-सडक भी कहा जाता है ।

• पिंड दान में दी हुई "लाइ " से :-

प्रथम दिन - सर
दुसरे दिन - गर्दन , कंधे
तीसरे दिन - हृदय
चौथे दिन - पीठ
पांचवें दिन - धूनी
छेवें दिन - कुल्हे, गुप्त अंग
सातवें दिन - जांघ
आठवें दिन - घुटने
नवें दिन - पेर
दसवें दिन - भूख , प्यास
यह निर्वाचित प्रेत-शरीर, भूख , प्यास से दुखी , 11 वें , 12 वें दिन भोजन करता है ।
तेहरवें दिन , प्रेत शरीर ,यमदूतों के पाशबुधों में जकड़ा ,एक बंदी बन्दर की तरह ,मृतु सडक पर घसीड़ता हुआ ,चलता है.।
यम नगरी की दूरी 86000 योजन (1 योजन =15 की .मी लग -भग) है। और एक दिन-रात में 247 योजन चलना पड़ता है.। 16 पौर रास्ते में ,अनेक प्रकार की यातनाएं , दुर्लभ रास्ते, भयानक पीडाएं , 11 महीनों तक सहते हुए ,यम राज का राज्य शुरू होता है । वहां से यम नगरी का रास्ता शुरू होता है, जो की इस से भी कष्ट दाई है।

• टिप्पणी:

कई विद्वानों का मत है की यह प्रेत -आत्मा वायु की सहायता से चलती है और हम यह समझ सकते हैं की जो वायु प्रेत -आत्मा को ले कर चलती है, उसे कई प्रकार के वातावरण , जैसे बदबू, नदी, पहाड़, ठंड ,गर्मी, जानवर आदि के पास से निकलना पड़ता है । गरुड़ पुराण में वेतरनी नदी का इतना भयानक रूप वर्णन किया है । सम्भवता प्राचीन काल में लिखा

गया यह ग्रन्थ ,उस समय में ब्राह्मणों और गौ की शुरक्षा के हेतु , आम जनता के दिलों में एक आलौकिक भय बिठाने के लिए ,वर्णित किया गया है। ताकि लोगों में ब्राह्मिनो को गौ , अन्य दान देने से उन के पाप नष्ट होने का भ्रम बना रहे ।

• आप इस दार्शनिक विचार को कैसे लेते हैं, आप पर निर्भर करता है ।

मृतिक शरीर छोड़ने के १७ दिन बाद, 18 वें दिन प्रेत-शरीर पहली नगरी में विश्राम के लिए रुकता है और पुत्र दुआरा दिया हुआ भोजन ग्रहण करता है । इस तरह सब नगरिओं को पर करता हुआ ,एक वर्ष के अंत में बाहुभ्हेतपुर नगरी पहुँच कर प्रेत-शरीर अपने शरीर को छोड़ कर,अंगूठे के नाप का शरीर धारण कर लेता है

प्रेत-आत्मा अपने कर्मों का भोग भोगने, यम दूतों के साथ, पाश्बुन्धों में जकड़ा ,हवा में चल पड़ता है ।यम राज की नगरी में चार दुआर बने हुए हैं । इन में से पाप कर्मी दक्षिण दुआर से यम राज की राजधानी की ओर प्रस्थान करते हैं ।

7

|| अध्याय - 7 || - गरुड़ पुराण

|| अध्याय - 7 || - गरुड़ पुराण

- यमराज की राजधानी का वर्णन :

~ 44 योजन , बहोभिती शहर से दूर ,यमराज की महान नगरी पड़ती है।

~ सभी आत्माएं धर्म -दरवाज़े पर खड़े पहरेदार को अपनी आगमन सूचना देती हैं।

~ चित्रगुप्त अपने चमचमाते आसन पर बिराजमान होते हैं । सब कुछ मालूम होते हुए भी , वह सरावंस (यह ब्राह्म पुत्र हैं जो पूरे विश्व में चक्कर लगाते रहते हैं और दूर से ही ,मनुष्य चाहे किसी भी संसार में हो ,उस के सारे कर्मों का व्यौरा / सूची तयार करते रहते हैं । इन की पत्निया ,स्राविनिस ,मनुष्य की इच्छाओं और कल्पनाओं की सूची तयार करती हैं । इस तरह मनुष के सब अच्छे , बुरे कर्मों की सूची तयार होती है। और यह जानकारी चित्रगुप्त के पास जाती है।

- टिप्पणी :

~ प्राचीन काल में ,बायो - चिप का ज्ञान न होने के कारण , ऐसा उल्लेख करके , मनुष्य को एक भ्रम में रखा गया है। अब हम यह कह सकते हैं की बायो -चिप , सूक्ष्म आत्मा के साथ ,जुडी रहती है और जिस में से पूरी जानकारी लेने के लिए केवल यमराज ही सक्षम हैं। उस जानकारी के आधार पर पुनर्जन्म होता है।

~ जिन आत्माओं के अच्छे कर्म होते हैं , उन्हें स्वर्ग की ओर भेजा जाता है।

~ चित्र गुप्त दुआरा सूचित की हुई , पाप आत्माओं को , यमराज अपना भयानक रूप ,बहुत बड़े भैंसे पर विराजमान, 32 हाथों में, जो कि 3 ,3 योजन लम्बे हैं , उन में हथ्हिआर

धारण किये हुए, और कुओं की भांति लाल आँखें , एक लम्बा नाक , दर्शाते हुए, अपने दूतों को उन्हें नर्क में ले जाने को कहते हैं । 21 महान भ्यानिक नरकों में उनको यातनाएं दी जाती हैं। इस तरह अनेक यातनाएं सहन कर मनुष,शुद्ध आत्मा के साथ फिर दूसरा जनम लेता है।

~ इस नगरी के बीचों बीच , यमराज का चम् चमाता भव्य भवन स्थित है। यह 200 योजन लम्बा और 50 योजन ऊँचा है । इस के अंदर अलौकिक सभा कक्ष है । वहां पर उपस्थित सभी अपनी ही रौशनी से जग मगाते हैं । इस भवन में पहुँचने के लिए चार दुआर हैं।

~ भव्य आसन के ऊपर ,छत्र के नीचे ,एक बड़े ताज से सुशोभित , यम राज विराजमान होते हैं।

~ उन की हाजरी में , हाथ में फंदा लिए मृत्यु , चित्र गुप्त , कर्मों का प्रसंग करने के लिए तथा अनेक कर्मचारी,आज्ञा का पालन करने के लिए उपस्थित रहते हैं । पाप कर्मी जो दक्षिण दुआर से जाते हैं, वह इस भवन को नहीं देख सकते।

• पूर्वी दुआर :-

~ साधू महात्मा, देवी देवताओं को पूजने वाले ,जो यात्रिओं को छाया की व्यवस्था प्रदान करवाते हैं, क्रोध और लालच से वंचित,माता-पिता की सेवा करने वाले ,गौ, तिल ,धरती का टुकड़ा आदि का दान ,धार्मिक ग्रन्थों का मनन , अथवा सुनना , शुद्ध वृति वालों की आत्माएं , इस भवन में प्रवेश कर पाती हैं।

• उत्तर दुआर :-

~ पीले संदल के वृक्षों से महकता हुआ यह रास्ता ,वेदों के ज्ञाता ,मेहमानों का आदर -सत्कार,देवी दुर्गा को पूजने वाले, शुभ कार्य करते हुए गति प्राप्त करना, बनारस में मृत्यु , योग विद्या ग्रहण करते गति पाना,दुर्घटना वश पवित्र जल में डूब जाना ,दान -पुण्य करने वाले , इस रास्ते से सभा भवन में प्रवेश करते हैं।

• पश्चिम दुआर :-

~ हीरे मोतिओं से सम्पन्न , सुगन्धित रास्ते पर , धार्मिक ग्रन्थों के कथित अनुसार कार्य करना , शिव और विष्णु भगवान् की पूजा करना , गायत्री मन्त्र का उच्चारण, दूसरों के धन की चाहत न करना , गृहस्त जीवन को कलंकित न करना, वचनों को निभाना, सब के सुख की चेष्टा करना , पूर्वजों के श्राद्ध करना, बुरी संगत से दूर रहना , वह अमृत को पीते हुए , सभा भवन में प्रवेश करते हैं ।

~ यमराज इन सभी को आते देख कर , अपने आसन से खड़े हो कर सब का अभिनन्दन करते हुए सब का स्वागत करते हुए कहते हैं, की आप सब नेक आत्माओं ने अपने सत्य कर्मों से यह देव लोक प्राप्त किया है ।

~ जिनको दुर्लभ मिलने वाला मनुष शरीर मिला , फिर भी सत्य कर्म नहीं किये, वह नर्क की भयानक आग में जलते रहें गे । अब आप सब आत्माएं ब्रह्म लोक को प्रस्थान कीजिए।

~ यमराज के मधुर वचन सुन कर, सब उनको नमस्कार कर, बाहिर पर्तीक्षा कर रहे अनेकों विमानों पर अपने कर्मों के अनुसार सवार हो कर ब्रह्मलोक को प्रस्थान करते हैं।

~ वहां कुछ युग , बिताने के बाद, स्वर्ग के भोग भोगते हुए, फिर से अच्छे परिवारों में जन्म लेते हैं। धन ,सम्पत्ति से युक्त , धार्मिक ग्रंथों के ज्ञाता , लोक कल्याण करते हुए ,अपने सत्य कर्मों के आधार पर ,आलौकिक सभा भवन में प्रवेश करते हैं।

8

|| अध्याय - 8 || - गरुड़ पुराण

|| अध्याय - 8 || - गरुड़ पुराण

- पापी आत्माओं का दुखदाई जन्म

~ भगवान् विष्णु बताते हैं , किस तरह , स्त्री ,पुर्ष के मिलन से ,मनुष का जनम होता है।

~ पर्साब क 3 दिन के अंदर , पाप आत्मा का शरीर बनना शरू हो जाता है।

~ एक रात में मास का टुकड़ा , 5 रात में गोल , दसवें दिन वृक्ष के फल जैसा ।

~ एक महीने में - सिर

~ दुसरे महीने में - हाथ और दुसरे हिस्से ,

~ तीसरे महीने में - बाल, नाख़ून, हड्डी ,लिंग

~ चोथे महीने - तल पदार्थ

~ पांच महीने - भूख , प्यास

~ छः महीने - बच्चा दानी के बाई ओर चला जाता है।

जिस्म के बाकी हिस्सों का बनना , माता के खान पान पर निर्भर है।अपनी पीठ और शरीर के बीच में सिर दबा होने से ,यह अपने हाथ , पैर , हिला नहीं सकता।इस समय, आलोकिक शक्ति से , पिछले जन्मों में किये हुए कर्म याद आते हैं ।

7 वें महीने के आरम्भ से उसे चेतना आनि शुरू होती है और वह गर्भ शाळा में हिलना शुरू करता है। इश्वर से बिनती करता है , यदि मुझे यहाँ से बाहिर निकालो गे तो में सदा आप के चरणों में पड़ा रहूँगा । लेकिन यदि मेरे पाप कर्मों से मुझे सदा दुःख भोगने पड़ें गे , तो में कभी बाहिर नहीं आना चाहता।

गर्भाषा में 10 महीने से पड़े हुए , उस की पीडाओं को देखते हुए, कृपालू भगवान् , उस को बाहिर निकाल कर , उस का जन्म करवाते हैं । सिर नीचे,ज़बरदस्ती बाहर निकाला हुआ

,पीड़त ,अपनी समस्त यादों को खो कर, नये वातावरण को देख कर , शिशु के रूप में, घबरा कर रोता है।

बचपन के दुखों को झेलता हुआ , जवानी में अपनी इन्द्रीओं के वश,बुरी आदतों में फंसा , दुर्लभता से मिले मनुष्य जीवन को , युहीं बर्बाद करके, वृद्ध अवस्था में बीमारीओं से घिरा ,मृतु के पश्चात् फिर नरक लोक में जाता है । इस तरह बुरे कर्मों के जाल में फंसा , मेरी प्रकृति से , पापी कभी मुक्त नहीं होता.।

9

|| अध्याय - 9 || - गरुड़ पुराण

|| अध्याय - 9 || - गरुड़ पुराण

• पापों का विवरण , जो नरक में ले जाते हैं ।

~ जो बुरे कर्म करने से आनन्दित होते हैं ।

~ जो शुभ कर्म करते हैं ,वह यमराज के कक्ष में ,दक्षिण दुआर को छोड़ कर ,बाकी तीन दूआरों से प्रवेश करते हैं

~ वेतारनी नदी , दक्षिण दुआर से प्रवेश करने पर ही आती है।

~ ब्रहिमनों के कातिल ,नशीले पदार्थों का सेवन ,अजन्में बच्चे को मारना, लोगों की हत्या , चोरी ,विश्वाश घात , अपनी ख़ुशी की चाहत, दूसरों से घृणा करना, अपने को बहुत अकल्मन्द समझना , और इन प्रकार के अनेक कर्मों दुआरा किये गए पाप कर्म।

~ जिन्हों ने गौ दान नहीं किया,दाह -संस्कार की रस्में नहीं करीं , झूटी गवाही, विदवाहों के साथ शारीरक सम्बन्ध, स्त्री जो पति के साथ विश्वाश घात करती है ।

~ जानवरों को सताना, पेड़ों को काटना, सामाजिक रीतिओं का उल्लंघन ,ब्राहिमन या कोई महिमान आपके घर में खाने की इच्छा से आये,उसे खाना नहीं दिया जाए ,जब की घर में खाना बन रहा हो ।

~ ऐसे प्रवृति के लोग , नरक की अनेक यातनाएं सहते हैं ।

~ यम राज के आदेश अनुसार, वह फिर पृथ्वी लोक में , नीच योनी में जनम ले कर , बीमारीओं के शिकार हो कर पीडत रहते हैं, और पाप कर्म करते रहते हैं। नरक के बार बार चक्कर काटते हैं।

10

|| अध्याय - 10 || - गरुड़ पुराण

|| अध्याय - 10 || - गरुड़ पुराण

- पापों की संज्ञा और पुनर्जन्म

1. गौ हत्या - कुबड़ा
2. स्त्री हत्या , पेट गिराना - बीमारीओं से लिप्त
3. अवैध सम्बन्ध - हिजड़ा
4. दूसरों को दिए बिना मिठाई खाना - सूजी गर्दन
5. श्राद्ध में अशुद्ध पकवान - फ्लेहरी
6. वेद ,शास्त्रों का विरोध - पीलिया
7. पुस्तक चुराना - अँधा
8. ब्राह्मिन/गौ को पैर मारना - लंगड़ा
9. झूट बोलना - हकलाना
10. जहर देना - पागल
11. खाना चुराना - चूहा
12. सब्जी चुराना - मोर
13. धातु चुराना - गरीबी
14. नमक चुराना - चींटी
15. फल,फूल,पान चुराना - जंगली बंदर
16. जूते,कपास चुराना - भेद / बकरी
17. शिकार करना - कसाई के घर बकरी
18. ज़हर पान करके मृतु - काला नाग

19. बगल में छुरी ,मुंह में राम राम ब्राहिमन - सारस

20. मित्र को धोका - गीध

21. बिक्री में धोका - उल्लू

22. माता /पिता से झगडा - पेट में ही मर जाना

23. स्त्री जो सास/ सुसर को गाली दे - जोंक

पति को बुरा -भला कहना - जू धोके से ब्राहिमन की संपत्ति ,हडपना -- सात पीढयों तक नुक्सान दी हुई वस्तु को फिर से मुफ्त में वापिस ले लेना घोर नर्क में जाना

जो दान - पुन्य आदि नहीं करते, वह गरीबी में जीते हैं । गरीबी में वह पाप कर्म करते हैं ।यह कर्म उन्हें नर्क में ले जाते हैं । फिर गरीब पैदा होते हैं और पाप कर्म करते हैं।

जो भी अच्छे, बुरे कर्म होते हैं , उन्हें भोगना पड़ता है। न भोगे हुए कर्म लाखों वर्ष में भी नष्ट नहीं होते।

11

|| अध्याय - 11 || - गरुड़ पुराण

|| अध्याय - 11 || - गरुड़ पुराण

• स्पिन्दिक्रण

~ जब मनुष मरने के बाद एक वर्ष की महा पथ की यात्रा करता है तो वह पुत्र -पौत्र आदि के दुआरा स्पिन्दिक्रण हो जाने पर पितृ लोक में चला जाता है । वर्ष के अंत में पित्री -पिंडों के साथ प्रेत -पिंड का मिलन हो जाने से वह प्रेत , परम गति को प्राप्त करता है ।

~ गृस्थ पिता की मृत्यु हो जाने पर , यदि स्पिन्दीक्रण श्राद्ध नहीं हुआ है, तो किसी का विवाह -संस्कार नहीं हो सकता इस लिए दुआद्श को ही पुत्र को स्पेंदीक्रण कर देना चाहिए । यह करने के बाद भी 12 महीने तक पोड़श श्राद्ध नियमानुसार करना चाहिए ।

~ मृतक का दाह -संस्कार हो जाने के बाद . एकादश , दुआद्श , इन दोनों दिन में प्रेत भोजन करता है । इन दोनों दिन, जो कुछ भी प्राणी के निमित दिया जाता है , उसे "प्रेत" शब्द के साथ दिया जाना चाहिए ,क्योंकि वह मृतक के लिए आनन्दायक होता है। सपिन्दिकर्ण कर देने के बाद जो भी दान दिया जाता है ,वह नाम-गोत्र करके पित्री -निमित करना चाहिए। प्रेत दुआदश-संस्कार के अवसर पर यजमान जल से भरे 12 घटों का संकल्प करके दान करे । पकवान और फल से परिपूर्ण एक एक वर्धनी (विशेष प्रकार का जल पात्र), भगवान् विष्णु , यमराज , चित्र गुप्त का संकल्प करके सुयोग ब्राह्मिन को प्रदान करे।

~ स्पिन्दा की रस्म अपवित्र दिनों के बाद, बारहवें दिन ,अग्नि के समक्ष या बिना अग्नि के ,पूरण होती है ।

• विधि :

~ नहा धो कर, मृतु वाले स्थान को गोबर से पोत कर, स्थापित देवों की मूर्तिओं के चरण धो कर,पित्तरों को "लाइ" अर्पण करके , पुत्र अनच्मन से थोडा जल ग्रहण करे।

~ 3,3 "लाइ" के दाने , वासु देव , रूद्र ,और अर्का को अपने दादा, और उनसे पूर्वज के रूप में , और फिर मृतक को अर्पण करे।

~ सभी की संदल चटनी, तुलसी पत्ते ,धुप, सुगन्धित वस्तुओं, उपहार आदि से पूजा करे।

~ मृतक को दिए हुई श्रधान्जली को एक सोने की सलाख से तीन भागों में बाँट कर ,एक,एक भाग , दूसरों में अच्छी प्रकार , मिला लें ।

~ माता श्री का स्पिन्दा , दादिओं के साथ , और पिता का स्पिन्दा , दादाओं के साथ करना चाहिए।

~ यदि पिता की मृतु , दादा के जीवत रहते हुए हो जी है , तो ३ लाइ के दाने पढ़ - दादा और उनके पूर्वजों को श्रधान्जली देनी चाहिए।

~ पत्नी की मृतु पर, यदि पुत्र न हो तो, पति को अपनी सास और सम्बन्धियों के साथ रस्म करनी चाहिए ।

~ फिर ब्रह्मिनों को भोज , दाद, दक्षिणा, उपहारों और 12 घट जल से परिपूर्ण दान करने चाहिए।

~ धारण किये वस्त्रों का त्याग करके, एक शय्या दान करे। शय्या बहुत मूल्यवान ,सभी सुख प्रदान करने वाले साधनों से युक्त , छाता, चांदी के लैम्प , इस भगवान् नारायण और लक्ष्मी जी मूर्ती कपड़ों, गैह्नो से सुस्जित, गदा , आदि होनी चाहिए।

~ स्त्रिओं की रस्म में लाल कपडा , जेवर के साथ अन्य सामग्री होनी चाहिए।

~ फिर एक ब्रह्मिन को उसकी पत्नी के साथ, शय्या पर ,नारायण-लक्ष्मी जी के सामने बिठा कर , उतर दिशा को मुख करके ,लक्ष्मी-नारायण जी को फूल माला पहना कर पूजा करके,यह उच्चारण करे, "हे नाथ, जिस प्रकार आप की शय्या दूध का सागर है ,यह शय्या भी उसी प्रकार मेरे अगले जन्मों में सुखदाई हो " ।

ब्राह्मिन और प्रभु को पुष्पांजली देते हुए , ब्राह्मिन को सम्भोदित करके " हे ब्राह्मिन देवता, इस को स्वीकार करें" कह कर शय्या दान करे। उस शय्या पर विराजमान सभी को तीन बार झूला दे । शय्या के चारों ओर चक्कर काट कर सब से विदाई ले ।

~ शय्या दान की रस्म पूरी हो जाने के बाद 13, पद -दान की रस्में ,जिसमें 1,1, छाता,चपल ,कपडे, अंगूठी ,जल का मटका ,कुषा, 5 बर्तन (यह सात प्रकार के पद), इन के साथ एक लकड़ी का डंडा ,ताम्बे का बर्तन ,कच्चे चावल,जनेऊ और खाने की सामग्री , 13 ब्राह्मिनो को 12 वें दिन दान करने से दिवंगत आत्मा को शान्ति मिलती है।

~ स्पिन्दा रस्म करने के बाद , वार्षिक श्राद्ध से पहले, हर मास, एक लोटा जल के साथ "लाइ" का दान करते रहना चाहिए।

~ स्पिन्दा , मासिक और वार्षिक श्राद्ध , संक्रात में नहीं करने चाहिएं / यदि वर्ष में 13 महीने आते हैं , तो वार्षिक श्राद्ध 13वेन महीने में होना चाहिए।

~ जब संक्रात नहीं है , "लाइ" की आवश्कता नहीं होती । केवल संक्रात में आवश्कता होती है।

~ वार्षिक श्राद्ध के उपरान्त ,सदा ही 3 श्राधान्जलयाँ देनी चाहियें । एक श्राधांजलि पूर्वजों के लिए घातक होती है ।

~ गया में श्राद्ध , पूर्वजों के लिए मुक्ति दायक होता है।

~ मनुष्य को प्रयत्न शील होना चाहिए की वह अपनी ओर से पूर्वजों की भलाई ,हर प्रकार से करे। इस से वह इस लोक में ही नहीं ,परलोके में भी आनन्दित रह गा ।

12

|| अध्याय - 12 || - गरुड़ पुराण

|| अध्याय - 12 || - गरुड़ पुराण

• सत्य कर्म करने वालों का पुनर्जन्म

~ हे पक्षी राज, सत्य कर्म करने वाले , स्वर्ग आदि का भोग भोगने के पश्चात ,अच्छे कुल में जन्म लेते हैं । वह स्त्री के गर्भ में कैसे पलते हैं ,मेरे से सुनो :

~ प्रसाव के बाद ,स्त्री से 4 दिन तक अलग रहना चाहिए / उस समय तक उन का चेहरा तक भी नहीं देखना चाहिए वरना कोई पाप कर्म शरीर में आ सकते हैं । स्त्री , चार दिन के बाद , स्न्नान करके शुद्दि प्राप्त करती है।

~ सातवें दिन से देवी-देवताओं और पूर्वजों की पूजा कर सकती है। सात दिनों तक गर्भाषा अपवित्र रहती है। आठवें दिन पुत्र का योग होता है। 14वेन दिन पुत्र का योग होने से पराक्रमी पुत्र का जन्म होता है.।

~ इस दिन का योग पापी मनुष्यों को प्राप्त नहीं होता ।

13

|| अध्याय - 13 || - गरुड़ पुराण

|| अध्याय - 13 || - गरुड़ पुराण

* प्रेत का रूप और उसका निवारण

~ गरुड़ जी भगवान् विष्णु जी से पूछते हैं, की जो मनुष जाने , अनजाने में पाप कर्म कर बैठते हैं , वह यमदूतों की यातनाओं से कैसे बच सकते हैं । प्रेतों के रूप किन कर्मों दुआरा बनते हैं । किस शुभ दान से प्रेत योनी छूट जाती है।

~ श्री हरी कहते हैं ,कि पाप कर्मिओं को , और जिन के पुत्र नहीं होता , दोनों अवस्था में बचना बहुत कठिन है।

~ मनुष्य को पुत्र प्राप्ति के लिए , हरिवांसा का पाठ, साताचांदी या रूद्र भगवान् की पूजा करनी चाहि। फिर भी दिवंगत आत्माएं स्वर्ग लोक तक जाती हैं , यदि उन का संस्कार, पुत्र न होने की अवस्था में ,कोई दुसरेमनुष्य दुआरा विधि पूर्वक किया जाए ।

~ जो पूर्व जन्म संचित कर्म के अधीन रह कर पाप कर्म में अनुरक्त रहते हैं, अपने धर्म को त्याग कर ,दुसरे धर्म को स्वीकार करता है, विद्या और सदाचार से वंचित है, वह प्रेत योनी में जन्म लेते हैं ।

~ जीव अपने कर्मों अनुसार दुसरे शरीर को प्राप्त करके यम लोक में नाना प्रकार के कष्ट भोगता है। यम लोक के मार्ग में 16 पुर पड़ते हैं। संसार में धर्म, अर्थ , काम और मोक्ष , यह चार मार्ग हैं

"धर्म" - मार्ग पर , उत्तम प्रकृति वाले प्राणी चलते हैं।

"अर्थ" - अर्थात धन -धान्य का दान करने वाले प्राणी, विमान से परलोक जाते हैं।

"काम" - जो प्राणी अभिलक्षित याचक की इच्छा को संतुष्ट करते हैं, वह कंधे पर सवार हो कर प्रस्थान करते हैं।

"मोक्ष" - जो प्राणी मोक्ष की आकांक्षा रखते हैं ,वह हंस युक्त विमान से परलोक को जाते हैं ।

• ~ राजा बाभ्रुवाहाना की कथा :

त्रेता युग में ,बभ्रुवाहाना नाम के एक बहुत पराक्रमी, तेजस्वी , लोक प्रिय राजा थे । उन के राज में पूर्ण सम्पनता थी। ब्राह्मिनो का आदर सत्कार, रीती-रिवाज वह पूरी श्रधा के साथ करते थे।

एक दिन वह अपने मंत्रिओं के साथ जंगल में शिकार खेलने गये । एक हिरन पर वार किया। घायल मृग , तीर के साथ जंगल के भीतर भागा। राजा भी उस के खून के निशान के पीछे पीछे , सुनसान जंगल में जा कर खो गया। भूख और प्यास से परेशान राजा एक झील के पास पहुंचा । झील में स्न्नान कर ,ठंडा पानी पी कर , जब वह बाहिर आया ,तो उसने एक खूबसूरत अंजीर का पेड़ देखा। अंजीर के पेड़ की छाया में वह बैठ गया।

कुछ ही क्षणों में उस ने एक भयानक प्रेत आत्मा को देखा जो भूख और प्यास से व्याकुल थी । वह प्रेत आत्मा राजा के सामने आकर बोली , हे राजन , आप की कृपा से आज मुझे,इस दुर्गति से छुटकारा मिला है। मैं आपका आभारी हूँ ।

राजा के उसकी दुर्गति का कारण पूछने पर प्रेत ने कहा कि वह भी एक देश का राजा था । ब्राह्मणों की सेवा, दान -पुण्य ,नियमत रूप से करता था। पूर्वजों के श्राद्ध भी समय पर निपुण होते थे ।

परन्तु यह सब व्यर्थ हो गया क्योंकि उस के कोई सन्तान नहीं थी । कोई मित्र , कोई सम्बन्धी , जो मेरे मरण उपरान्त मेरी अंतेष्टि विधि पुर्वक करता जिस के कारण मेरी यह दुर्गति हुई । यदि मासिक १६ श्राद्ध पूर्ण नहीं होते तो , 100 वार्षिक श्राद्ध करने पर भी ,मेरी गति नहीं हो सकती।

राजा ने आश्वासन दिया कि वह उस की परमगति के लिए ,वह सब प्रयास करे गा , जो वह करने को कहे गा।

~ प्रेत ने यह सब विधिं कहीं :

विष्णु पूजा : 2 शुद्ध सोने के टुकड़ों से, जो धन, छल ,कपट से न कमाया गया हो, श्री नारायण की मूर्ती बनवा कर, पवित्र जल से धुला कर, पीले वस्त्र , गहिनो से सज्जा कर ,पवित्र स्थान पर रख कर , इन के :

पूर्व में - श्रीधर

दक्षिण में - मधुसुदन

पश्चिम में - वामन देव

उत्तर में - गदाधारी

~ इन के बीच में पितामाह और माहेश्वर । इन सब की रीती अनुसार पूजा करें।

~ एक सांड को छोड़ने का भी प्रयोजन है। एक शय्या, 13 ब्राह्मिनो को पद दान और एक सोने से बना मटका, दूध और घी से भरा हुआ ,ब्रह्मा, विष्णु, महेश को पूजने के पश्चात अर्पित किया हुआ, ब्रह्मिन को दान में दिया जाता है।

~ जंगल में से अपने मंत्रियो के साथ बाहिर निकल कर , राजा के दुआरा की गई रस्मों, , श्राधों से उस प्रेत आत्मा को सद -गति प्राप्त हुई।

~ एक अनजान व्यक्ति दुआरा पूरण की हुई श्राधों की रस्मों से यदि प्रेत-आत्मा को गति मिल सकती है तो पुत्र दुआरा सम्पन्न किये जा पर , कितना लाभ हो सकता है ।

~ जो भी इस पवित्र कथा को सुनता है , या दूसरों को सुनाता है, कभी भी प्रेत- योनी में नहीं जाता ।

14

|| अध्याय - 14 || - गरुड़ पुराण

|| अध्याय - 14 || - गरुड़ पुराण

* गरुड़, भगवान जी से पुनर्जन्म के बारे में पूछते हैं। पाप करने पर भी परमात्मा की प्राप्ति कैसे होती है?

भगवान् ने कहा , हे गरुड़, मृत्यु के पश्चात , तुरंत और बिलम्ब दोनों प्रकार से , दुसरे शरीर में प्राणी प्रविष्ट होता है। जो ज्योति स्वरूप जीव आत्मा विद्यामान रहता है , वह मृत्यु के बाद , प्रेत आत्मा शरीर धारण कर लेता है और दशगात्र के जो पिंड दान दिए जाते हैं, उस से पिंडज शरीर बनता है । इस पिंडज शरीर से प्रेत शरीर एकाकार हो जाता है।

~ कोई कोई जीव आत्मा पिंडज शरीर बिलम्ब से प्राप्त करता है , क्योंकि मृत्यु के बाद , वह कर्मों अनुसार यम लोक में जाता है । चित्र गुप्त की आज्ञा से वह वहां के नर्क भोगता है ।

वहां की यातनाओं को झेलने के पश्चात , उसे पशु, पक्षी , कीट आदि की योनी प्राप्त होती है । प्राणी जिस शरीर को ग्रहण करता है ,उसी शरीर में मोह वश ममता हो जाती है। शुभ कर्मों के फल भोग कर वह मुक्त हो जाता है।

~ गरुड़ भगवान् जी से जिज्ञासा करते हैं ,कि बहुत से पापों को करने पर भी , इस संसार को पार कर,प्राणी आप को कैसे प्राप्त कर सकता है?

~ हे पक्षी राज! मनुष्य अपने- अपने कर्म में रह कर संसिद्ध प्राप्त कर लेता है। सत्य कर्म , शब्दादि विषयों का त्याग कर,राग-द्वेष , को छोड़ कर , यथाप्राप्त भोजन से संतुष्ट , मन ,वाणी , शरीर संयमित , काम,क्रोद्ध , लोभ, अहंकार और परिग्रह का परित्याग करके निर्भय हो कर , शांत हो जाता है, वह ब्रह्मस्वरूप हो जाता है ।

~ शरीर में आठ छिद्र हैं। सत्य कर्म करने वाली पुण्य आत्माओं के प्राण , उनके शरीर के ऊर्ध्व छिद्रों से निकल कर परलोक जाते हैं ।

~ शब्द, स्पर्श,रूप,रस और गंध , यह पांच विषयों के अधीन , रहने वाले पुरुष , सदा ही दुखी रहते हैं। प्राणी का धन-वैभव घर में ही छूट जाता है। मित्र और बन्धु , शमशान में ही छूट जाते हैं। शरीर को अग्नि ले लेता है,। पपप-पुण्य ही उस जीव आत्मा के साथ जाते हैं। मनुष अपनी योनी में जो भी दान- पुण्य करता है वह सभी, जिस जिस योनी में व्यक्ति जाता है, वहा यह दान भी उपस्थित रहते हैं।

~ देवता कभी काष्ट और पत्थर की शिला में नहीं रहते। वह तो प्राणी के भाव में विराजमान रहते हैं । इसलिए सद-भाव से युक्त भक्ति का आचरण करना चाहिए । इस पृथ्वी पर दान ,दम और दया , यह तीन सत्य तत्व हैं ।

दीन तथा सज्जन ब्रहिमन को - दान

अनाथ प्राणी का - संस्कार

निर्जन प्रदेश में स्थित शिवलिंग की - पूजा

करोड़ों पुण्यों का फल प्रदान करता है ।

15

|| अध्याय - 15 || - गरुड़ पुराण

|| अध्याय - 15 || - गरुड़ पुराण

• **मुक्ति पाने के उपचार**

~ गरुड़ जी, भगवान् श्री विष्णु जी से पूछते हैं , हे! मुक्ति प्रदान करने वाले सर्व श्रेष्ट, इस संसार में करोड़ों जीव दिन प्रतिदिन ,जन्मते और मरते हैं । इस का कोई अंत नहीं है। इस संसार में सभी दुखी ही नजर आते हैं , सुखी कोई भी नहीं। किन उपायों से यह जीव मुक्ति प्राप्त कर सकतें हैं, आप बताने की कृपया करें।

~ भगवान् विष्णु जी ने कहा , हे पक्षी राज , मनुष शरीर पा कर ,जो आत्मा की मुक्ति के बारे में नहीं सोचता वह मनुष्य का पाप एक ब्राह्मिन को वध करने से भी बड़ा है। मनुष्य शरीर के बिना कोई भी प्राणी , इस शरीर के महत्त्व को नहीं जान सकता । इस लिए इस शरीर को सुरक्षित रख कर सत्य कर्म करने अनिवार्य है।

~ धन ,मकान,अच्छे-बुरे कर्म दुबारा से मिल सकते हैं, परन्तु मनुष्य शरीर नहीं । इस शरीर की सुरक्षा , अपने कर्तव्य के लिए, कर्तव्य ज्ञान के लिए और ज्ञान योग- अभिआस के लिए आवश्यक है। यह एक मुक्ति का साधन है। मुर्ख पुरुष के घर में जब आग लग जाती है तो वह कुआँ खोदना शुरू करता है।

~ यह संसार दुखों की पिटारी है। जब तक मनुष्य मोह, माया के चक्कर में बंधा रहता है, सदा दुखी ही रहेगा। खाना,पीना, सोना, वासनाओं की तृप्ति ,से सभी प्राणी लिप्त हैं , केवल मनुष्य के पास ही विवेक है। जो विवेक से काम नहीं करता, वह जानवर है।

~ इस लिए जब तक मनुष्य का आपस में मोह है, मुक्ति नहीं है। मोह करना ही है तो भगवान् से मोह करो , जो आपके सब कष्टों को हरने वाला है। भगवान् से मोह करने के लिए, मन और आँखों की शुद्धता आवश्यक है। काम, क्रोद्ध ,लोभ ,अहंकार , यह मनुषय के पतन

के पात्र हैं । वेद , शास्त्र के पठन से मुक्ति नहीं मिलती , जब तक उनका ज्ञान अपने अज्ञान को मिटने में सक्षम नहीं होता ।

~ "मेरा" और "मेरा नहीं ", यह दो पद हैं। "मेरा" में बंधन है और " मेरा नहीं" में मुक्ति है। इस लिए जो मुक्ति के इच्छुक हैं वह सब बन्धनों को तोड़ कर सत्य के साथ नाता जोड़ें । सत्य ही प्रेम है, प्रेम ही इश्वर है।

~ जो कर्म, जीव आत्मा को बंधन में नहीं ले जाते, वही सत्य-कर्म हैं।

~ " निर्वाण अथवा ब्रह्म " की प्राप्ति के लिए , मनुष्य जब अपने जीवन के अंतिम चरण में पहुंचता है, तो अपनी संसारी इच्छा शक्ति से अलग हो कर , मन में यह दृढ विचार करे " मैं ब्रह्म हूँ" या "ॐ " मन्त्र का ध्यान करे। इस से उस के मन की शुद्धि होती है और अध्यात्मिक तेज आता है।

~ जो अपना घर बार छोड़ कर, अंतिम सांस छोड़ने के अभिप्राय से ,अयोध्या ,आव्न्तिका, मथुरा, काशी, गया ,कांची, द्वारिका ,यह सात पवित्र स्थानों पर किसी एक पर प्राण त्यागता है, उसे मोक्ष की प्राप्ति होती है।

~ सत्य- असत्य को जानने वाले ज्ञानी , सत्य कर्मी , धार्मिक वृति ,कर्तव्य को पालने वाले , और मुझ में श्रद्धा रखने वाले , सदा मुझे प्रिय लगते हैं।

~ हे पक्षी राज , मैं ने सभी सिद्धांत भली प्रकार से आपको कहे। और कुछ जानने की इच्छा हो तो कहो ।

~ प्रभु के मुख से यह वचन सुन कर , और अपने प्रशनो के उत्तरों से प्रसन्न , गरुड़ ने जगदीश्वर को प्रणाम किया और कहा, " प्रभु , आपने अपने मधुर वचनों से मेरा बहुत बड़ा संदेह दूर कर दिया । मेरे मन की मलिनता दूर हो गई । "

~ इतना कह कर , उन्हों ने भगवान् विष्णु जी से विदा ली और केशव मुनि के आश्रम में चले गये ।

~ श्री हरी , जिन का नाम लेने मात्र से ,सभी दुखों और श्रापों से मुक्ति मिलती है, ऐसे दयालू भगवान् की अपने श्रद्धालू भगतों पर सदा कृपा दृष्टि बनी रहे ।

ॐ नमो नारायण ॐ नमो नारायण ॐ नमो नारायण ॐ नमो नारायण ॐ नमो नारायण ॐ नमो नारायण ॐ नमो नारायण ॐ नमो नारायण ॐ नमो नारायण ॐ नमो नारायण ॐ नमो नारायण ॐ नमो नारायण ॐ नमो नारायण ॐ नमो नारायण